ENTRE
UM
ECO E
OUTRO

ANGELITA GUESSER

ENTRE UM ECO E OUTRO

LETRAMENTO

Copyright © 2020 by Editora Letramento
Copyright © 2020 by Angelita Guesser

DIRETOR EDITORIAL | **Gustavo Abreu**
DIRETOR ADMINISTRATIVO | **Júnior Gaudereto**
DIRETOR FINANCEIRO | **Cláudio Macedo**
LOGÍSTICA | **Vinícius Santiago**
COMUNICAÇÃO E MARKETING | **Giulia Staar**
EDITORA | **Laura Brand**
ASSISTENTE EDITORIAL | **Carolina Fonseca**
DESIGNER EDITORIAL | **Gustavo Zeferino e Luís Otávio Ferreira**
CAPA | **Sergio Ricardo**
REVISÃO | **LiteraturaBr Editorial**
DIAGRAMAÇÃO | **Renata Oliveira**

Todos os direitos reservados.
Não é permitida a reprodução desta obra sem
aprovação do Grupo Editorial Letramento.

Dados Internacionais de Catalogação na Publicação (CIP) de acordo com ISBD

G936e   Guesser, Angelita

        Entre um eco e outro / Angelita Guesser. - Belo Horizonte : Letramento, 2020.
        52 p. ; 12cm x 21cm.

        ISBN: 978-65-86025-02-6

        1. Literatura brasileira. 2. Poesia. I. Título.

2020-399   CDD 869.1
                                                      CDU 821.134.3(81)-1

Elaborado por Vagner Rodolfo da Silva - CRB-8/9410

Índice para catálogo sistemático:
1. Literatura brasileira : Poesia 869.1
2. Literatura brasileira : Poesia 821.134.3(81)-1

Belo Horizonte - MG
Rua Magnólia, 1086
Bairro Caiçara
CEP 30770-020
Fone 31 3327-5771
contato@editoraletramento.com.br
editoraletramento.com.br
casadodireito.com

Grupo Editorial
LETRAMENTO

*"A poesia não vem daqui você recebe a poesia —
ela vem de alguma coisa que você não conhece."*

- Hilda Hilst

#lírios

não foram só as pernas
tresloucadas que tremeram
depois da curva
até caírem em êxtase

primeiro ouviu os sussurros
depois sentiu o peso
da língua que entoou
a mais doce música
seduzindo com
mentiras ousadas
o mais íntimo de seus sonhos

e abrindo suas pernas
feito terra arada
permitiu que seus seios
rasgassem os primeiros
urros de amor que desabrochava
feito lírios em noite estrelada

#mel

quero ver-te
aqui
e não se verter
em outros braços
outras bocas
outros corpos

quero dar-te
o céu
a lua
as estrelas reluzentes
para que entre meus braços
verta todo seu fel

e deixe de buscar
em outras bocas
outros corpos
o mel que derrete
                em mim

#**no_name**

deixe tudo de lado
esqueça os medos
os sonhos,
as mentiras absurdas

cresça
voe pelo mundo
que rega e faz crescer
teu audacioso desejo de amor

não busque minha espera
que te dê meu pão
não espere que eu esteja
onde nada acontece

nasço de novo
com um novo corpo
novas curvas
em um mundo
completamente meu

e seduzida pela tua vontade
de viver sem compromisso
deixo de lado todo o sonho

e enquanto teus verbos
se desmancham em versos
encolho meu próprio excesso
na breve perspectiva
de que nossa poesia
se disfarce em amor

#no_name_1

eu quero estar num mundo sem abreviações
quero ser a estrada que leva ao infinito
quero enfrentar a aspereza mazelas dessa vida

nua, como quando rompi os segundos do infinito
na dureza desse percurso, quero ser águia
que busca colecionar o espanto
de estar no conforto das mutilações sofridas
pela crua palavra encravada na tua garganta

quero encontrar na superfície das ruínas
uma forma de apreciar tuas fraturas
me confundir, no entremeio do impossível
com o ensaio dos ecos que dialogam entre si

e ainda, ser aquela que mesmo em queda livre
                                      [cai em pé

#eu_e_ela

vejo a lua
assim como
quem vê um filme

ela é intensa
apaga o escuro
do céu
é alívio de dor
e apelo
de amantes

vejo a lua
em dia de eclipse
como quem
sai para trabalhar

ela é
luz para dias
sombrios
é riso em
dias tristes

vejo a lua
e ela me vê

e assim
passamos a noite
juntas
eu e ela
ela e eu

#sofá_prateado

a vida é só vida, mesmo
no lugar mais íntimo do mundo
no teu largo sorriso
no nó das ideias
a vida ainda é só vida

e quanto mais busco vida
percebo sem cair em amor
a morte vestida de luz opaca
a nudez do descaso e
a conclusão de que escrever
é um ato relutante
de que a vida é só vida

percebo em instantes tão pequenos
mesmo que cante a própria música
no infinito da noite sem limite
no sol que nasce sem saber
por qual caminho
que a vida é só vida

e assim enquanto o loirinho
se esconde na borda do sofá prateado
e inspira esse momento
percebo lá no fundo
que a minha vida é feita de vida

#avesso_do_mundo

vou deixar meu barco à deriva
tolo na flutuação
deixar essa vida em chamas
na proa avisto um novo mundo
longe dessa tão frágil inocência

não vejo mais sentido
continuar acesa
ao pé de vento
não quero findar-me
fincar meus pés neste
breve suspiro de amor

quero em outras bocas
sussurrar verbos plagiados
por obscenos anjos caídos

quero buscar nas ondas amorfas
a forma do vazio e ali
no oceano alinhavar
minha trajetória
no avesso escuro da tempestade

#menina

teus olhos de menina
gotejam amor
preenchem sem vazar
aquele que te vicia
a dor do sofrimento
a angústia da partida

teus olhos de menina
gotejam por amor
incontáveis luas
que vistes a passar
teus olhos de menina
transbordam pelos cantos
de amantes vazios
assim como as margens
de rio na seca do sertão

teus olhos de menina
gotejam para fora do ser
a saudade que deveria
permanecer nas alegrias
de idas sem melodias

teus olhos de menina
às vezes assombram
as memórias da eternidade
presas nas armaduras do tempo
e me fazem lembrar
de teus olhos de menina

#na_lágrima

rolam por minhas faces
frágeis lágrimas
quase maduras
prontas para o mundo

pelo frio do espelho
vejo refletida a vida
com a leveza de um peito
esticado por segundos

na ponta afiada das rochas
as feridas abertas
contam os pulsos marcados

profano e insano desejo
que no segundo dia
roubou a metade inteira
de minha carcaça
e desfez a inquietação
do afeto da outra mão

o excesso de silêncio
preso na parede de teu quarto
constrange a nostalgia

e volta a vazar junto à minha pele
o perene sangue que ilumina
minhas frágeis faces

#instantes

ontem o dia estava transitório e eu te busquei
                                      [na palavra não dita
o dia estava sóbrio e eu abri as janelas
o dia estava aleatório e eu rasguei tuas cartas
o dia estava salvo dos teus gritos amontoados
                                      [no canto da sala
ontem o dia estava pra lá de sozinho e eu li
                                      [teus poemas
o dia estava abonatório e eu esqueci de adivinhar
                                      [teus desejos
o dia estava acessório e eu busquei rasgar
                                      [tuas lembranças
ontem o dia estava de velório e eu gentilmente arranquei
                                      [meu coração e comi

#por_que_não_hoje

me sinto paralisada
pelo tempo
pelas dores
meu corpo inerte
asfixiado
de amor
alimentado pela dor

sentei para observar a janela
a paisagem concreta
me fez delirar
corpo febril
espasmos
contrações
delírios
de um mundo criado
para suprimir
os desejos

pela fenda da porta
senti um vulto
se aproximar
a luz da própria sombra
me assustou
lá no fundo
percebi que aquele
relampejar
revelou a loucura do mundo
das pessoas
das minhas dores
inventadas
criadas

para suprimir
os desejos
que não cabem
mais em mim
controlo meu respirar
minha loucura
meu delirar
e pontualmente
antes que chegue
decido recomeçar
por que não hoje?

#moldura

deixe de ser desvairada
mulher depravada
quero te dar o mundo
mulher de vestes mesquinhas

quero te reinventar
mudar teu sorriso
extraordinário e fugaz

quero esconder
tua sonora
e ágil língua
item de adorno
exuberante

quebro os espelhos
arrebento teus colares
despedaço teus cristais
rasgo minhas vestes

e escuto
ao pé do ouvido
tua risada profana
que só faz me lembrar
do céu que venta
espalhando a arte
sublime de te amar

#trilha

te chamo pelo nome
fecho minhas portas
para te encontrar

me tranco no teu submundo
derramo minhas esperanças
e vejo brotando como um luar
a transparência do teu medo

foges do novo de mim
temes aquilo que não tens
transfiguras tuas incertezas
em lembranças que oscilam
entre vida e morte

busco-te entre estrelas apagadas
através de caminhos
trilhados com sangue
entre as vastidões de respostas
sem perguntas

e, assim, encontro-te
exposta à lâmina dos desejos
contraditórios e afligidos
que flutuam em teu corpo exuberante
expondo o largo oceano
de amores inacabados

#palavras

carregue-me em teu corpo
tatuada feito paixão
essa pele toda que contorna
e abraça cada molécula tua, sou eu
carregue-me em teu corpo,
tatuada feito mapa que
segue as curvas em estrada reta
curvas inesperadas, que oscilam
feito respiração que busca redenção
carregue-me em teu peito,
feito canção esquecida
feito certeza que não falha
fica em mim, assim como
os pedaços que remontam
meu atordoado coração

#paisagem

percebo através do vidro
abafado pelo vapor da chuva
os telhados verdes
dos musgos que se formaram
através do tempo

dos dias
que sem piedade
corromperam sua beleza

no escuro da tarde de outono
formou um horizonte
de tristezas e lamentos
que aos poucos abraçaram
o pobre coração solitário

por dentre as estruturas
circundantes
que furtaram da alma
os privilégios da liberdade

escreve-se a trajetória
que começou com a chuva

trajetória de resgate
de um tempo onde
os telhados ainda brilhavam
com os primeiros raios de sol
e serviam de espelhos
para os sonhos
daquelas que apenas
confiavam na beleza

de uma vida que
reverenciava um simples
amanhecer

#vida

a vida é um retrato
hora colorido
hora preto e branco
e em todos meus retratos
te faço como criança

um desenho aleatório
de vitrines e vidraças
que meio ao descuido
perco na calçada

e, o vento, que hoje não venta mais
te pinta de terra
te lambuza de névoa

e um dia essas lembranças
resistirão na memória
daqueles que
assim como eu
do teu retrato
não mais lembrarão

#e_mais_nada

eu sou a que nada sabe e
pelo murro da vida anda perdida
buscando entre negras paredes
a luz dos teus olhos

eu sou a que nada sabe
das grades que choram
por tua crucificada vontade
de encontrar o sentido da vida

eu sou a que nada sabe e
tudo busca no amargo destino
de idas e vindas
assim como a morte brutalmente
anuncia a chegada do desconhecido

eu sou a que nada sabe e
num sussurro despercebido
oculta a paixão de saber
que sonhar é fazer nascer a
realidade

eu sou a que um dia será pó
e mais nada

mesmo_nome

dei-te a vida em meu ventre
e foi para que visse o meu mundo
e assim te fiz amor

dei-te asas em meu sonho
para que pudesse desvendar
o infinito da dor
e conseguisse
tocar a última gota
do orvalho no amanhecer
cintilante de uma escura noite

dei-te o amor
e desfolhei cuidadosamente
as dobras do tempo
para que fugisse da
ilusão da perfeição

dei-te minha vida
para donos sermos
da nossa própria obra
de silêncio, perplexo

e ali ficamos cegos
à procura da escuridão
traçada por nossos enganos
amando apenas
as duras linhas
de uma vida sem
perdão

#como_seria

como seria se a fria noite
debaixo dos lençóis
onde nosso amor floresce
dia após dia, desaparecesse?

como seria meus passos firmes
se a terra que debaixo deles
resiste ao tempo de escassez
se tornasse um vale árido?

como seria se a dor da partida
que com suas garras afiadas,
deixasse de rasgar em mil pedaços
meu pobre e solitário coração?

como seria se a verdade de uma mãe
fosse sempre a doce mentira
que tanto teu coração
quer ouvir?

como seria a vida parida
de um caótico e miserável
despertar de quinze anos
da mais cruel solidão?

vida feita de esperanças
vida construída nas possibilidades
de uma escrita
vida de gente anônima
de trabalho, de caos
que embrulha e embaraça à vontade
de fazer um novo fim
para as edições já mortas

#poesia

tanto pra você quanto pra mim
a poesia não é assim

ela nasce das duras palavras
do poeta que acredita
na mais sábia medida
que do caos nasce o belo

quando nós desaparecemos
desaparece nosso grão
efeito brutal, e nada se passa
apenas o fim de meu sangue
que em teu sangue restou

nossa bela infusão de cachos dourados
que de uma faísca brotou
para nos ensinar
que a poesia é assim
tanto pra você quanto pra mim

#ilusão

que desta vida
nada me arranque
do negro peito
a ilusão

quero apenas
que nada aconteça

que nenhuma lágrima
derramada num mar
de desilusão
tire a graça
da tua obra prima

não quero perder-te
dentro de um vasto mar
como quem cai na cama
em noite de lua cheia
e nada faz diante
da imensa solidão
que confunde a felicidade
com comercial de margarina

#fome

me perverto em tuas curvas
vejo o ontem e depois nelas
nada fica no lugar

quando você nua nada
nada me é mais carnal

a morte me é derramada
em carta feito pluma
e nunca sei ao certo
se sou homem ou se sou bruma

levado pelo longo
e velho caminho
de uma alma em pedaços
me derramo
até chegar no teu verso
lugar predileto
dos que permitem no espelho
enxergar a cor do amor

lugar onde todos os gozos
serão sentidos
por longas e imutáveis
horas que me levam a
enlouquecer na espera
de te comer

#não_há_nuvens_em_meu_céu

quero uma confissão tua
diga-me que enquanto
corro atrás dos culpados
tu me esperas dentro
das rimas imaginadas
de meus versos

seja como a água
que pra terra é santa
dourada serpente
que por ela se move
avalanche sorrateira
que imunda a esperança

busque a audaz constelação
que desenrola a sombra
na mortalha de um perdão
maldita visão da verdade
que retoco e remendo

quero que te rendas e
dentro de minhas lamúrias
confesses
mesmo em pensamentos
que não mais vazarás
diante desse silêncio
que arde na pele da gente

somos vidas imperfeitas
só peço ao tempo
que o sol que ao acaso se deita
acerte meu destino, breve
feito milagre em vida de poeta

#protesto

em silêncio disfarço a dor
pequenos símbolos tolos
economia selvagem de amor
maldito e inútil protesto

em secos troncos morro à míngua
e ali posso sepultar
meu solitário e duro amor

desfalecida, incapaz de argumentar
contra o pouco que restou
na ausência da saudade
crio mundos infindos

e entendo que nenhum estranho
nunca encontrará naquele
que não me conhece
a estrela que ainda chora

pois não sou daqui
sou de onde o amor mora
do rastro de um mundo que
de olhos entreabertos nunca
esquece o caminho da esperança

#rocha

às vezes, busco ser um outro
me ver em um outro corpo
outra face, outros gostos
assim, descubro quem sou

busco ventar em outros mares
de azares cruéis
no sexo bizarro dos golfinhos
assim, sustento o que sou

aguardo meu futuro, incerto
feito pólen em boca de beija flor
que luta pelo mundo
o combate dos covardes

se existo, desconheço
escorro por entre os dedos
feito areia do deserto
num mundo que não nasci

e feito grão em rocha
esqueço meu obscuro passado
para num sopro de esperança
renascer na rotina solitária de
apenas ser

#eco

eu e você
sós de sol a sol
só temos em comum – o mar

com suas ondas esfumaçadas
que com leve toque
acariciam nossos corpos

não temos futuro
e se o tivéssemos
nada poderíamos com sua brisa
de pássaro veloz

queira morrer antes
que essa onda deságue
e escreva entre um eco e outro
a obra indispensável do viver

#açoites

lembro-me daquela manhã
da paisagem árida
sob um fulgurante sol

lembro do vazio de vítimas
tão marmóreo que até
a mais alva imensidão
apresentou suas ausências

arremessando a rede nas
profundezas da memória
que tomada por uma
literária lobotomia
esconderam nos abissais
do meu psíquico teus açoites

regresso num mundo menos real

e absorto na tentativa frustrada
de recuperar a vigorosa adrenalina
percebo que sou um pássaro
que fora poupado
de habitar na branca página

#amor

me converto em amor
eu tenho sede de amor
pudesse em amor – eu ser tu
e, nossos corpos galopando
margens tornarem-se amor

e já em seu leito
de margens escassas,
nossos corpos entrelaçados
sentirem a dor de amar,
que só há depois do mar

eu sinto teu amor
tua saudade e tombo no chão

visto tua pele e
durmo em ti e sou paz
bebo tudo de ti e
me converto em sede
e levito, deliro meus sentidos
e só sinto a necessidade
de mais amor

#palavras_ao_vento

palavras jogadas ao vento
criei-as só para ti
um doce engano de outrora

larguei-as ao acaso
assaltei meu peito, e
apenas por essa noite
amei uma só vida

antes de sermos donos
de um destino que
inesperadamente
vence os enganos da saudade
tento nascer de novo
no infinito de teu afeto

palavras jogadas ao vento
vencem o espiral
e enroladas em si
abortam a dor
que sentencia o fim
o fim do silêncio
que vive em mim

palavras jogadas ao vento
nos condenam à espera
de não haver mais flores
no nascer de nossos dias

#sem_rimas_prontas

meu mundo, infiel mundo
seria a solução em copo de conhaque?

meu mundo, vasto mundo
traria de sorte o coração da amada?

tão poucos e raros sóis
que afligem o impotente e
sério homem por de trás do muro

serias tu ó Deus da ilusão?
que comovido pela conversa
rara entre amigos, revelaria
o fado de um abandono?

sou anjo caído que vive
à espreita dessa sombra
cheia de viver em esperança

ó mundo, cruel mundo
que por detrás de meus olhos
aponta a tarde azul
desse destino sem rimas

#dor

caminho pelo frio da madruga
sinto o vento bater em minha cara
e busco um lugar onde eu
possa, mesmo aos solavancos
fugir da tua risada profana
que ainda escuto

enxergo a pressa em teu olhar
e, histérico, soluço palavras
dentro do meu silêncio

converso com as tristezas
nas horas inúteis, e faço de meu corpo
o repouso para tuas carícias

de cabeça para baixo, volto,
para que eu possa, mesmo que de longe
contemplar a beleza que não foi
vivenciada pelos meus sentidos

#medo_branco

tranco a porta do meu quarto
como se não houvesse luz
como se não tivesse amado
por onde andas meu sol?

aqui, no meio dessa saudade
me encontro a andar por horas mortas
feito homem que falta a verdade

sou criança, que tomba aureolando o mar
como se fosse o infinito de Deus

sou como o medo branco
que toda a dor pode suportar
nas lembranças desse peito
arranco e restauro
o que era de ser antes de te amar

#produtividade

andamos com pressa e
sem certezas
deixamos fugir o amanhã
sem cumpri-lo
implacáveis nervos
que atravessam o tempo
fustigando a forma de pensar
não precisamos de cálculos
as vitrines já expõem as feridas
e hipnotizados pelo impulso
desatentos, ao imprevisto
não olhamos mais os olhos
não seguramos mais as mãos
não amamos mais com o coração
presos dentro do nada
murmuramos sonhos
que jamais existirão

#sou_sonho

sonhos que
circundam nossas vidas
que a cada amanhecer
na paciência de artesã
nos leva a sofrer

sonhos, aqueles que
quando os tenho, não estou

sonhos que, marcados
na inconstância da estrada veloz
nos leva a morrer
sonhos pontudos
feito palavras que ferem
ardem como aquilo que
podia ter sido

sonhos que, não se misturam,
que não cabem nas ruas,
que transcendem a beleza
que fogem das luas
que ardem sem se

aqui, nessa dúvida, não
sei, porém se, em cada luz
um homem, ou outro seduz

na clareza do mundo sou
mais sonho do que gente

#perdão

perdoa-me meu amor
se, não te beijo com paixão
se, não te toco com tesão

se murmuro feito ave ferida
numa ilha, sem coração

perdoa-me se, teu nome não foi dito
na mais simples melodia
se tua palavra citada
entre o tempo e o sonho
desarmou minha miséria

falo muito, com fúria e lágrimas
você é pássaro novo, que
anuncia nova direção

você é o instante que deixou de ser
que buscou a forma nua da vantagem
e na mais ágil pressa
tocou a morte em meu coração

#divã

tem dias em minha vida
que o vento me guarda
na fria madrugada

rolo pelos espaços
da tua imagem
e dentro da interminável
madrugada
ergo minha carne viva

arrastado pelo vento
vento feito homem que pensa, e
uivo no branco do divã
este amor que é só meu

eu sou o curso iluminado
pela paixão
sou a imagem das palavras
ditas em juramento
sou a profunda contemplação
do mistério
sou o vento que te busca
não importa se as lágrimas
do tempo, ventam pelos espaços
dessa madruga fria

#espaço

eu e você, lado a lado, desconexos
assim como leitura de mapa de campo minado
nesse assombroso espaço, viajamos entre nuvens de
                        [algodão de mãos dadas
navegamos nas sombras do avião, que por ora não
                                 [passa mais
depois viramos para o vazio, patenteando continuar
                              [o mesmo sonho
e aquela música que não sai da cabeça ecoa, toca no
fundo dos dias sem tocar a enseada que estávamos
sentados com aquela mesma mulher, que conhecemos
                                     [há dias atrás

seríamos loucos? ou apenas nos amamos?

hoje não quero mais ouvir a tua voz repetindo inúmeras
                            [vezes que devemos desistir
tenho medo de realmente estar enlouquecendo
na verdade, me permito mais uma vez sonhar e navegar
e querer ver aquele mesmo avião não sumir por entre
                                       [as nuvens
na falta de repetição, corro atrás da sombra que desenha
nos campos linhas sinuosas que afastam de ti toda a
                                       [verdade
na falta de repetição não encontro as palavras, que a
essa altura, na morbidez do agora não situam tempo
                                         [e espaço

#o_bem_e_o_pior

tu és a palavra entalada na garganta
o estrondo sem validade
o choro que não sai e a farpa que me recorta a forma
tu és a lembrança esquecida
o decreto que não tem validade
o sistema que engana e o pendente
 que mesmo cortado a faca não cai
tu és a ruptura da vida
o cordão umbilical que une o bem e o pior
o arranjo sem orquestra e a cidade sem cor
que mesmo em dias frios queima de calor
tu és o amargo que carrega o doce para dentro
dos lençóis onde ardemos em amor

#descoberta

descubro que há em mim
a perfeita ironia
de confundir coragem com força
sinto meus poemas
indomáveis arrastarem pelo tempo
teus desejos tanto quanto dominam
meus braços, arrancando-lhes à força
a força da vontade
desconfio que há em mim uma beleza original
que doma tuas pernas e arrasta tuas certezas
tanto quanto tua fera grita de amor
descubro que o tempo carrega
dentro do ventre a força da coragem

Sumário

7 #lírios
8 #mel
9 #no_name
10 #no_name_1
11 #eu_e_ela
12 #sofá_prateado
13 #avesso_do_mundo
14 #menina
15 #na_lágrima
16 #instantes
17 #por_que_não_hoje
19 #moldura
20 #trilha
21 #palavras
22 #paisagem
24 #vida
25 #e_mais_nada
26 #mesmo_nome
27 #como_seria
28 #poesia
29 #ilusão

30	#fome
31	#não_há_nuvens_em_meu_céu
32	#protesto
33	#rocha
34	#eco
35	#açoites
36	#amor
37	#palavras_ao_vento
38	#sem_rimas_prontas
39	#dor
40	#medo_branco
41	#produtividade
42	#sou_sonho
43	#perdão
44	#divã
45	#espaço
46	#o_bem_e_o_pior
47	#descoberta

- editoraletramento
- editoraletramento
- grupoletramento
- editoraletramento.com.br
- company/grupoeditorialletramento
- contato@editoraletramento.com.br

- casadodireito.com
- casadodireitoed
- casadodireito

Grupo Editorial LETRAMENTO